JN272178

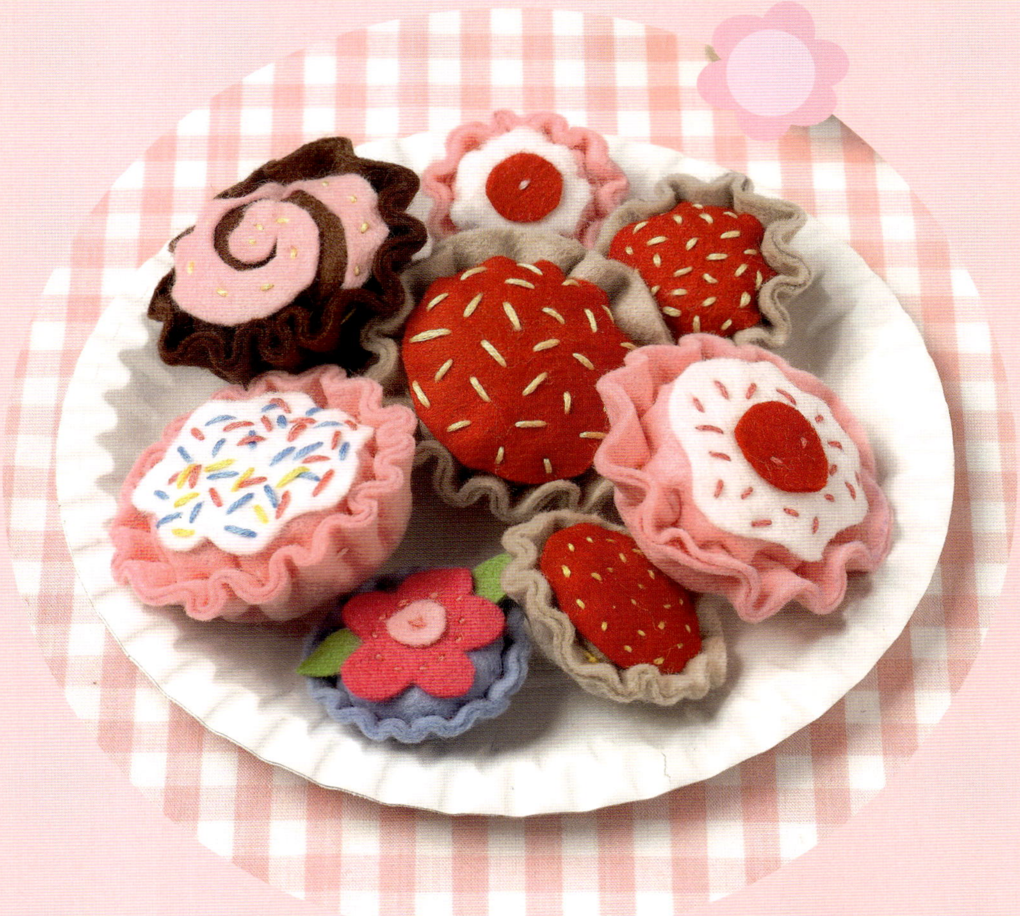

はじめての手芸
Made by Me
刺繍したり、縫ったり、編んだり

ジェーン・ブル

文化出版局

DK | Penguin Random House

A DORLING KINDERSLEY BOOK
A WORLD OF IDEAS: SEE ALL THERE IS TO KNOW
www.dk.com

For Stephen,
Charlotte, Billy,
and James

Design • Jane Bull
Editor • Penelope Arlon
Photography • Andy Crawfood
Publishing Manager • Bridget Giles
Production Editor • Sean Daly

Original Title : Made By Me
Copyright © Dorling Kindersley Limited, 2009,
Text copyright © Jane Bull, 2009
A Penguin Random House Company
Copyrighted and published in Japan by
EDUCATIONAL FOUNDATION BUNKA GAKUEN
BUNKA PUBLISHING BUREAU.
Japanese translation rights arranged with
Dorling Kindersley Limited,London
through Fortuna Co., Ltd. Tokyo
For sale in Japanese territory only.

Printed and bound by L Rex Printing Co, China

日本語版スタッフ
翻訳　小澤美司子
DTPオペレーション　文化フォトタイプ
協力　通谷尚子
校閲　堀口惠美子
編集　大沢洋子(文化出版局)

はじめての手芸
Made by Me
刺繍したり、縫ったり、編んだり

2014年 2月10日　第1刷発行
2016年 4月28日　第2刷発行

著　者　ジェーン・ブル
発行者　大沼　淳
発行所　学校法人文化学園　文化出版局
　　　　〒151-8524
　　　　東京都渋谷区代々木3-22-1
　　　　電話03-3299-2489(編集)
　　　　　　03-3299-2540(営業)

本書の写真、カット及び内容の無断転載を禁じます。

・本書のコピー、スキャン、デジタル化等の無断複製は
著作権法上での例外を除き、禁じられています。
本書を代行業者等の第三者に依頼してスキャンやデジタル化することは、
たとえ個人や家庭内での利用でも著作権法違反になります。
・本書で紹介した作品の全部または一部を商品化、複製頒布、
及びコンクールなどの応募作品として出品することは禁じられています。

文化出版局のホームページ　http://books.bunka.ac.jp/

はじめての手芸
Made by Me

手作りのためのかわいいアイディア集

Workboxes 道具箱 *4*

Embroidery 刺繍 *6*
フリーステッチ 8 • Tシャツ 10
ステッチの刺し方 12 • キャンバスワーク 14
クロスステッチ 16

Sewing ソーイング *18*
きんちゃく 20 • ラベンダーバッグ 22 • キーケースペンダント 24
つり下げて飾るフェルト小物 26 • フェルトフラワー 28
リボンのバッグ 30 • カップケーキ 32 • ドリー人形 34
ドリーの作り方 36 • ドリーの顔と洋服 38

Knitting 編み物 *40*
指編み 42 • ニッティングドール 44
輪がいっぱい 46 • 編み方 48
クレイジーニット 50 • 毛糸のバッグ 52
ウールの帽子 54 • 大きく編みましょう! 56

ドリーの型紙 58

Index 索引 59

Workboxes 道具箱

こまごました道具をしまいましょう。
道具箱を買いに行く前に、
まず家の中を見渡してみましょう。
見つけた箱を自分の好きなように
作り変えたらもっと楽しいですよ！

お弁当箱や
小さな
スーツケースが
ぴったり。

ちょっとしたこつ

箱の中に入れたいものを決めてから、どの箱を使うか選ぶようにしましょう。リボンやテープで飾りつけて、裁縫箱らしくしてしまいましょう。

まち針や縫い針を
固定させるために、
箱の裏ぶたに
布を一枚
はりつけましょう。

カラフルなリボンや
リックラックテープを
手芸用ボンドでつけましょう。

小さな箱をトレーにして、
コットンの布や糸を
整理しましょう。

道具箱のアイディア

- **お菓子の入れ物**
ふたのついた長い筒状の缶は、編み針をしまうのにぴったりです。

- **卵の容器（紙製）**
ふたがついているので、まち針や縫い針などこまごまとしたものを全部しまえます。

- **ジャムのびん**
びんを集めて、ボタンや糸など何でも一緒にしまいましょう。手芸用ボンドを使っていろいろなものを飾りつけてみましょう。

ジャムのびん
びんのふたをピンクッションにしてみましょう。

糸のびん、ボタンのびん、まち針のびん
びんには何でも入ります！

ふたつきの小さな入れ物

必要なもの
本の中に出てくるこのステッチの枠に注意してみましょう。作品を作るのに大切なポイントがわかるようになっています。

卵の容器
中に仕切りがあるのでとても便利です。紙製のものが向いています。

手芸用ボンドを使ってフェルトで作った花をはりつけましょう。

お菓子の箱

箱のまわりに布を手芸用ボンドではりつけています。

Embroidery 刺繡

刺繡のステッチを覚えたら、布、クッションなど何でも好きなものを飾りつけることができます！

はさみ

コットンの布

タペストリーキャンバス

クロスステッチ用の布

針先の丸い針

針先のとがった針

布
ジーンズからTシャツまでいろいろな布に刺繡をすることができます。ここで紹介する布は、コットンの布（織り目が細かい）、タペストリーキャンバス、クロスステッチ用の布（織り目の穴が大きい）です。

針
刺繡針は、大きく長い穴があいていて、針先は、とがっていたり、丸かったりします。コットンのような織り目の細かい布に刺繡するときは、針先のとがった針を使いましょう。また、タペストリーやクロスステッチを刺繡するときは、針先の丸い針を使います。

糸で使う糸は、かせになった状態で売られています。一般に、コットンかウールの糸になります。

刺繡糸
コットンから作られていて、ほとんどの刺繡のステッチに使うことができます。織り目の細かいコットンの布やクロスステッチ用の布に適しています。

タペストリーウール
ウールから作られていて、タペストリーや目の粗い織り目の布に使います。

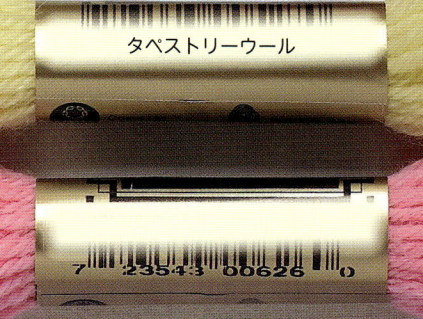

刺繡糸

タペストリーウール

刺繡枠を使うと
布が固定されます。

ねじで大きな輪を
しっかり締めます。

刺繡枠

刺繡枠を使うと布がぴんと張るので、作業していく部分が平らになり、刺繡しやすくなります。

刺繡枠には、内側と外側の二つの輪があります。輪を別々にして、小さい輪の上に布を置きます。布の上から大きい輪をのせて、ねじを締めます。

これはシーチングです。薄地で価格の安いコットンです。

プラスチック製のものもあります。

刺繡

刺繡とは、糸を使って絵や模様を描くことです。いろいろな布をいろいろな糸で飾りつけることができます。

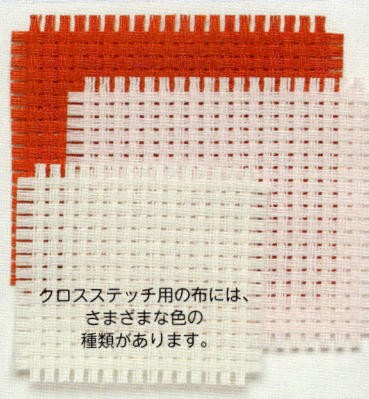

針はピンクッションを使って、安全に保管しましょう。

紙にデザインを描いてみましょう。

クロスステッチ用の布には、さまざまな色の種類があります。

# Free stitches
フリーステッチ

紙に描いたデザインを布に写しましょう。

線にそって刺繍を刺していくと、
かわいいステッチの絵ができます。

必要なもの
- 刺繍枠
- 刺繍糸
- 刺繍針
- 布

まず、紙に自分のデザインを描いてみます。

布を刺繍枠に張ります。

デザインを布に描きます（→p.13）。

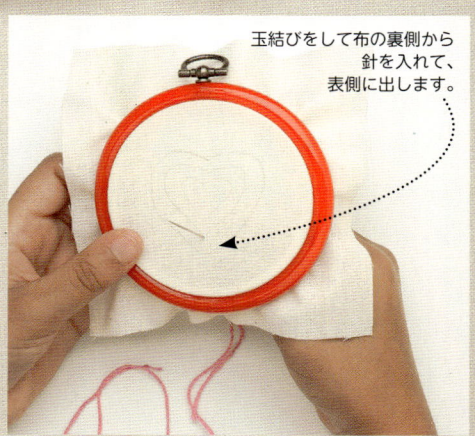

玉結びをして布の裏側から針を入れて、表側に出します。

玉結びが布にあたるところまで糸をしっかり引きます。

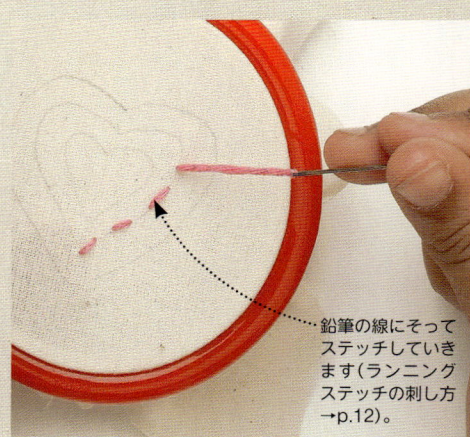

鉛筆の線にそってステッチしていきます（ランニングステッチの刺し方→p.12）。

色を変えるときは、刺繍枠を裏返します。

裏側で最後のステッチにくぐらせてから刺終り（→p.13）の始末をして糸端を切ります。

色を変えても、刺始めと刺終りはいつも同じように始末します。

すべて刺し終えたら刺繍枠を外します。

これでこの布を使って作品を作る準備ができました。

バックステッチ

ストレートステッチ

ランニングステッチ

ステッチの刺し方
ここで紹介している
ステッチの
刺し方→p.12

チェーンステッチ

クロスステッチ

クロスステッチ
ランニングステッチ
ブランケットステッチ

T-shirt
Tシャツ

さあ、洋服を飾りつけてみましょう！

真っ白なTシャツに
ボタンをつけたり、リボンを結んだり、
おしゃれなステッチを刺して
アート作品にしてしまいましょう。
この本で紹介しているほかの作品を
きれいなブローチにして
安全ピンでつけることもできます。

型紙
本の前見返しにある
型紙を使って、
自分だけの
かわいい飾りを
作りましょう。

ボタン
使わないボタンを
見つけたら、裁縫箱に必ず
しまうようにしましょう。
ボタンをつけると、
どんなデザインもさらに
かわいくなります。

Embroidery 刺繍 11

クロスステッチ

ブランケット
ステッチ

カップケーキ
(→p.32)

チェーン
ステッチ

ランニング
ステッチ

ブランケット
ステッチ

キーケース
ペンダント
(→p.24)

ちょっとしたこつ
Tシャツにデザインを
刺繍する前に、紙の上に
描いてみましょう
(飾りつけのステッチ
→p.12、13)。

ランニング
ステッチ

ステッチの刺し方

この本で使うステッチ。最後は、刺終り(→p.13)の始末をして糸端を切ります。

刺し方のヒント
糸をきつく引きすぎないようにしましょう。

ランニングステッチ
点線を作ります。
針を布に出し入れするだけです。
糸端に玉結びを作ってから刺し始めましょう。

2. 針を布の下に入れてからまた表に出して糸を引くと、ステッチが一つ完成します。

ここからスタート
1. 針を布の裏から出して、玉結びが布にあたるところまで引きます。

バックステッチ
とぎれのないステッチの線を作ります。
ランニングステッチと違って、毎回針を返してステッチの間のすきまを埋めていきます。

2. 針を布の下に入れてからまた表に出して糸を引き、前のステッチの端まで針を返します。

3. 針をここから布の表に出します。

ここからスタート
1. 針を布の裏から出して、玉結びが布にあたるところまで引きます。

ストレートステッチ
このシンプルなステッチは刺繍で飾りつけるときにとても便利です。
薄い鉛筆で放射状のデザインを描いてから、線にそってステッチを刺していくと、花のようになります。

2. 次の花びらの始まりに針を出し、花が一輪できあがるまで花びらを刺していきます。

1. 糸に玉結びを作り、花びらが始まるところから針を出して糸を引き、花びらの終わりに針を入れます。

チェーンステッチ
花の茎や葉を刺すのにとても便利な飾りのステッチです。
きれいにできるようになるまで練習が必要かもしれません。

1. 糸に玉結びを作り、針を布の裏から表に出して引きます。

2. 糸を出した隣に針を入れ、布の裏に出します。

3. きつく引かずに、小さな輪を残します。

4. 針を布の表に出して輪に通し、糸を引きます。

5. 1から4を繰り返します。できるだけステッチが均等になるようにします。

6. 最後は輪の外側から針を布の裏に出して糸を引き出します。

ブランケットステッチ
装飾的な縁飾りを作ることができます。
また、2枚の布を縫い合わせるのにも便利です。

1. 糸に玉結びを作り、針を布の裏から表に出して引きます。

2. 糸を出した隣に針を入れ、写真のとおり、下から針を出し、針先に糸をかけます。

3. 前のステッチと同じ長さになるように、もう一度針を布に入れて下から出し、針先に糸をかけて輪を作ります。

4. 繰り返し刺していきます。

クロスステッチ
クロスステッチを使って絵を描くことができます(→p.16)。

1. 布の上に薄い鉛筆でクロスの印を描きます。

2. 左から右に一列斜めのステッチを刺します。

3. 次に、反対側から刺してクロスを作り、裏で糸を始末します。

Tシャツを飾りましょう

Embroidery 刺繍

刺繍糸
糸端を平らにすると針の穴に糸を通しやすくなります。

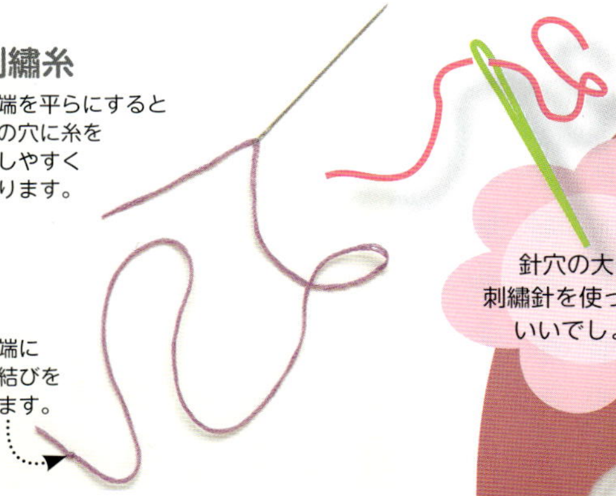

糸端に玉結びをします。

刺終り
布の裏側で、最後のステッチの輪に針を通します。

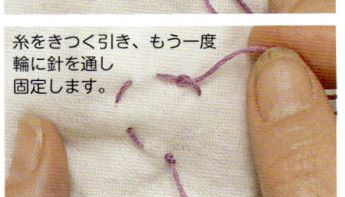

糸をきつく引き、もう一度輪に針を通し固定します。

針穴の大きな刺繍針を使った方がいいでしょう。

p.12のステッチを使って、自分のTシャツを華やかに飾りましょう。バッグ、ジーンズのポケット、そのほかの服も飾りつけてみましょう。

ブランケットステッチの縁飾り
縫い代を使って、Tシャツの縁にブランケットステッチを刺しましょう。

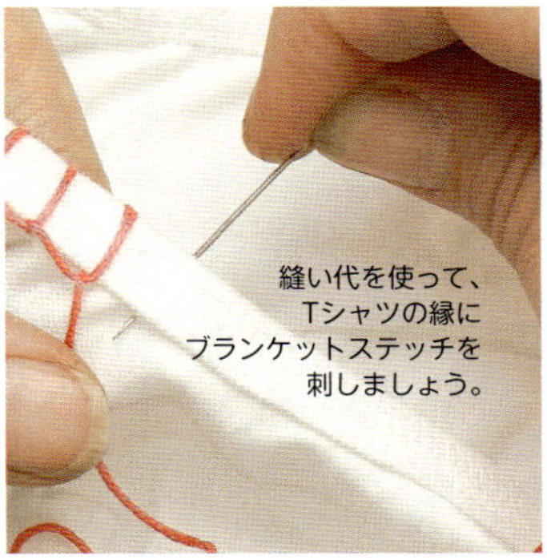

ステッチの下で針先に糸をかけることを忘れないようにしましょう。

デザインを描きましょう
まず紙に自分のデザインを描く練習をしましょう。それから、鉛筆でTシャツの上に模様を写します。

鉛筆を使って、自分のデザインを見ながら、布に描いてみましょう。

あるいは、布と絵の間にチョークペーパーを置きます。

絵を鉛筆で上からなぞり、デザインを転写します。

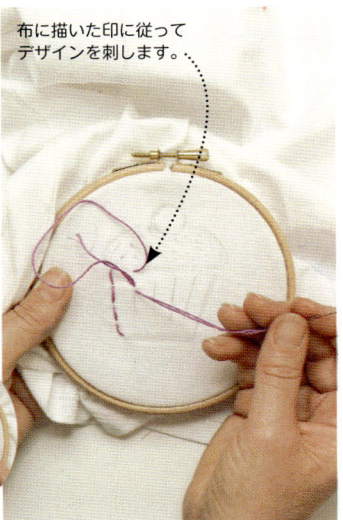

布に描いた印に従ってデザインを刺します。

ボタンをつけましょう
玉結びをして、ボタンをつけたいところで針を布の表に出します。

針をボタンの穴に通し、ボタンを下に移動します。

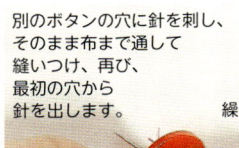

別のボタンの穴に針を刺し、そのまま布まで通して縫いつけ、再び、最初の穴から針を出します。これを5回繰り返します。

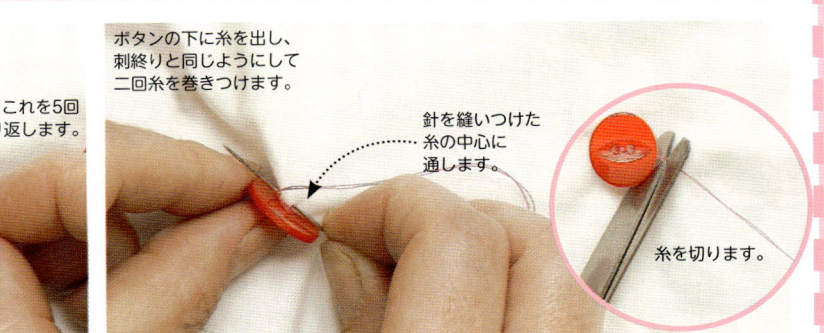

ボタンの下に糸を出し、刺終りと同じようにして二回糸を巻きつけます。

針を縫いつけた糸の中心に通します。

糸を切ります。

Canvas work
キャンバスワーク

タペストリーは、ちょうどコンピューターのピクセルのように小さな正方形でできています。一つ一つのステッチをピクセルと考えて絵を描いてみましょう。

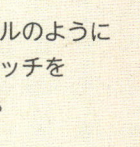

タペストリーウール

ちょっとしたこつ
太いタペストリーウールを使うと、ステッチの間にすきまができません。

絵を刺繍しましょう

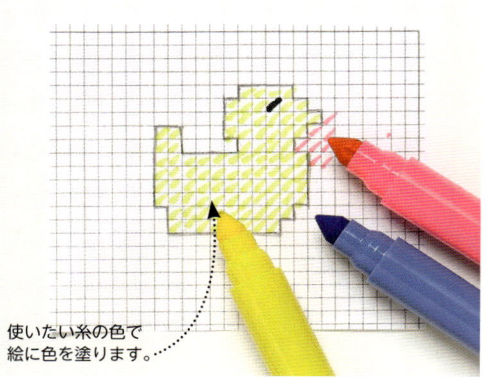

方眼紙に絵を描きます。
必ず1ますは正方形の輪郭としましょう。

使いたい糸の色で絵に色を塗ります。

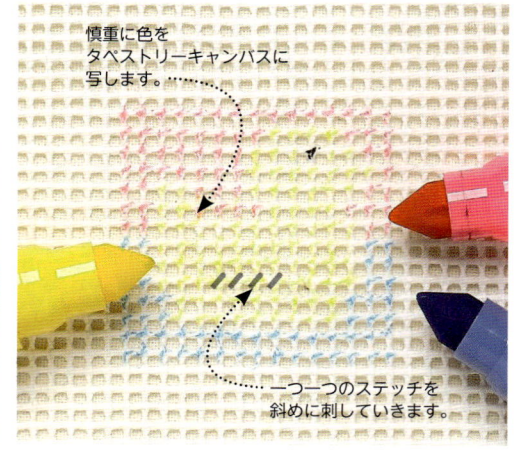

慎重に色をタペストリーキャンバスに写します。

一つ一つのステッチを斜めに刺していきます。

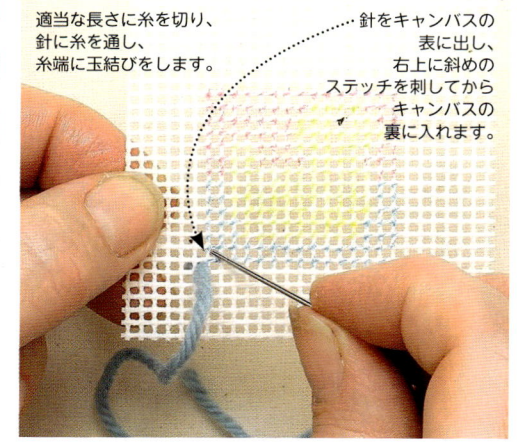

適当な長さに糸を切り、針に糸を通し、糸端に玉結びをします。

針をキャンバスの表に出し、右上に斜めのステッチを刺してからキャンバスの裏に入れます。

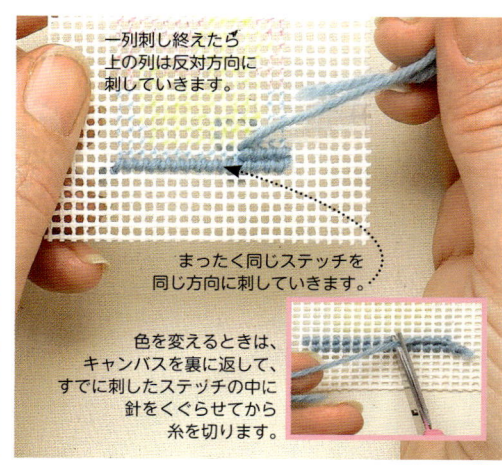

一列刺し終えたら上の列は反対方向に刺していきます。

まったく同じステッチを同じ方向に刺していきます。

色を変えるときは、キャンバスを裏に返して、すでに刺したステッチの中に針をくぐらせてから糸を切ります。

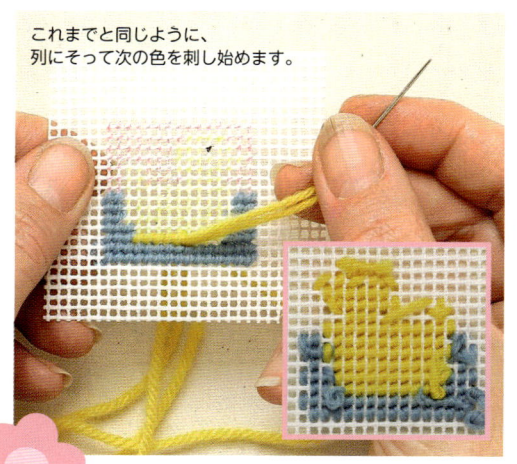

これまでと同じように、列にそって次の色を刺し始めます。

絵ができあがるまで色を変えて刺していきます。

針先の丸い刺繍針

タペストリーキャンバス

グラフ用紙または方眼紙

はさみ

グラフ用紙がなければ、定規を使って自分で正方形を描いてみましょう。

Embroidery 刺繍 15

プレゼントを作りましょう
キャンバスワークで特別なプレゼントを作ってみましょう。額に入れて飾ってもいいし、ブローチやキーリングにしてもいいでしょう。

練習する場合は、直線の多い模様をステッチしてみましょう。

Cross-stitch
クロスステッチ

クロスステッチはとても簡単。
デザインがシンプルなら、
壁にかけて飾れるほど
きれいに仕上がります!!
クロスステッチで
文字を書くこともできます。

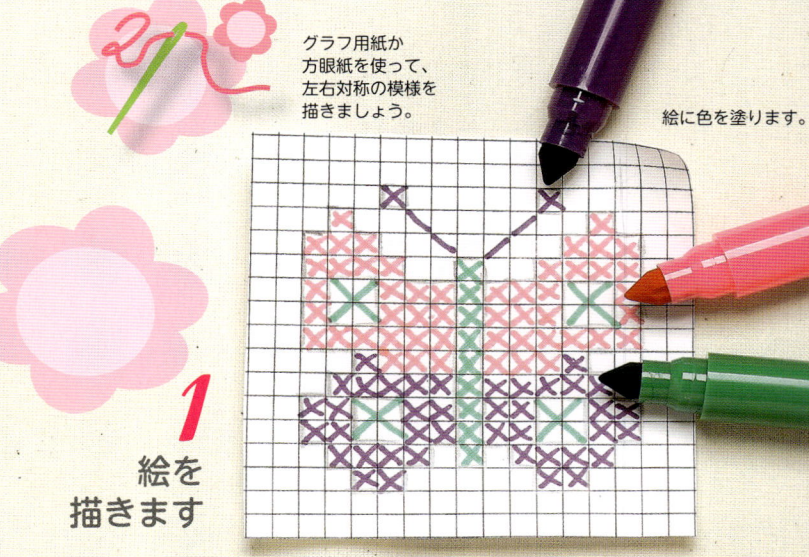

1 絵を描きます

グラフ用紙か方眼紙を使って、左右対称の模様を描きましょう。

絵に色を塗ります。

2 材料をそろえます

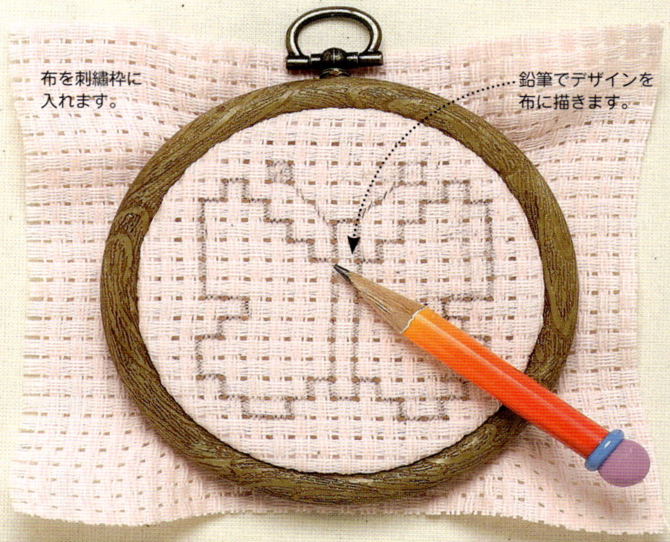

クロスステッチ用の布

刺繍枠

針先の丸い刺繍針

刺繍糸

3 デザインを写します

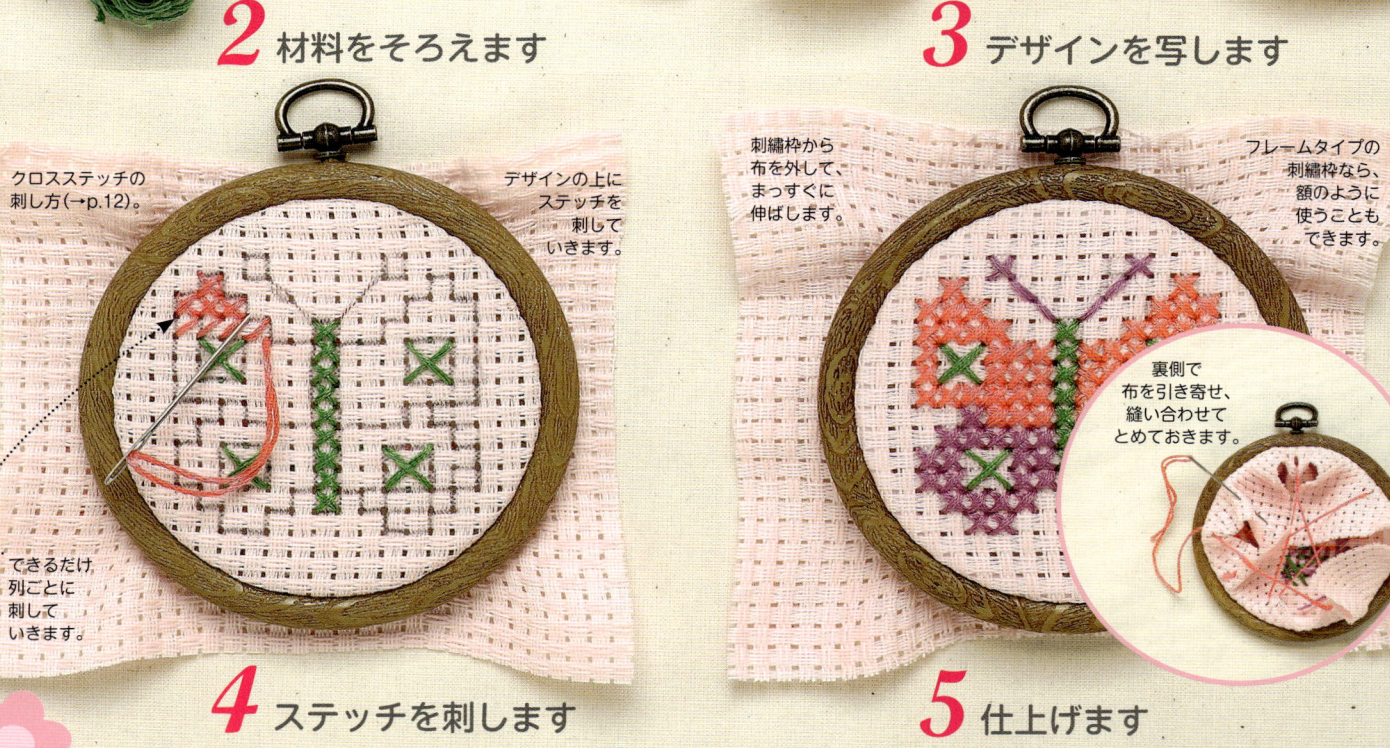

布を刺繍枠に入れます。

鉛筆でデザインを布に描きます。

4 ステッチを刺します

クロスステッチの刺し方(→p.12)。

デザインの上にステッチを刺していきます。

できるだけ列ごとに刺していきます。

5 仕上げます

刺繍枠から布を外して、まっすぐに伸ばします。

フレームタイプの刺繍枠なら、額のように使うこともできます。

裏側で布を引き寄せ、縫い合わせてとめておきます。

Embroidery 刺繍

サンプラー
サンプラーとは、ステッチの練習をする一枚の布のことです。違うサイズのクロスステッチや違う色の糸を使って試してみましょう。

刺し終えたら、布端の糸を抜いてできあがりをかわいくしましょう。

小さなマット
サンプラーでかわいい小さなマットも作れます。ステッチが終わったら、フェルトに手芸用ボンドではりつけましょう。

Sewing ソーイング

バッグやきんちゃくとすてきな布のアクセサリーの作り方を紹介します！

まち針

安全ピン

まち針
まち針は縫い合わせる布がずれないようにとめるもの。安全ピンはリボンを通すときにも便利です。

フェルト

コーデュロイ

コットン

布端がほつれないようにピンキングばさみを使います。

ボタンは、飾りにしたり、とめるために使います。

布
この本で使われている布は、薄地のコットンかフェルトがほとんどです。フェルトは端がほつれないので便利です。コーデュロイなどほかの種類の布も使います。

針
縫い針は、丸い針穴があり小さくて細い針です。中くらいのサイズの針を使いましょう。

はさみ

メジャーを使って布が正しい寸法かチェックします。

メジャー

スレダー（糸通し）

縫い糸
コットン製の糸で、この本に掲載されているすべてのソーイングの作品で使えます。糸を針穴に通すのが難しかったら、スレダーを使いましょう。

コットン糸

トリミング
リボンやレースの縁とりなどのトリミングを使うと、作品がきれいに仕上がります。

リボンとレース

ピンクッション

型紙と布の裁ち方
p.58、59を見てください。切るところ、縫うところがわかるようになっています。型紙をトレーシングペーパーに写して切り取り、布の上にそのトレーシングペーパーをまち針でとめ、線にそって裁ちます。

ソーイング
ソーイングとは、布を飾りつけたり、布と布をつないだりするために縫うことです。ソーイングでおもちゃ、バッグ、服を作ることができます。

フェルトで楽しもう
フェルトを飾りに使うとかわいいです。いろいろな色があります。

ピンキングばさみ
このはさみを使うと布を裁ったときのジグザグの形がかわいいだけではありません。

ジグザグの形が布のほつれどめにもなります。

Pouches きんちゃく

ヘアクリップを入れる小さなサイズから靴を入れる大きなサイズまで何でも入る袋です。

1 布を裁ちます

ここでは参考として、10cm×17cmの大きさに1枚の布を裁ちます。

折った部分を並縫い（ランニングステッチ→p.12）で縫います。

1.3cmの幅に布を折ります。

必要なもの
- コットンの布
- 縫い糸
- 針、まち針
- 安全ピン
- リボン

2 縫い合わせます

布を中表にして半分に折り、まち針でとめます。

わ

並縫い（ランニングステッチ）で2辺を縫い合わせます。上は開けたままにしておきます。

3 表に返します

袋の布を表に返します。

4 リボンを切ります

30cmの長さにリボンを切ります。

安全ピンをリボンの端につけます。

便利な安全ピン
安全ピンをリボンの端につけると、簡単にリボンを布に通すことができます。

5 リボンを通します

安全ピンを押しながらリボンの通し口に通していきます。

リボンを反対側まで通したら、安全ピンを外します。

Sewing ソーイング 21

リボンを結びます
リボンを通したら、両端を一緒に結んでおけば抜けてしまうことがありません。リボンを締めて袋を閉じます。

大きな袋
50㎝×25㎝に布を裁ちます。

中くらいの袋
40㎝×20㎝に布を裁ちます。

小さな袋
10㎝×17㎝に布を裁ちます。

ギフトアイディア
友だちの名前をバッグに刺繍して、その中にきれいに包んだスイーツをたくさん詰めてみましょう。すてきなプレゼントになります！

Lavender bags ラベンダーバッグ

ラベンダーのドライフラワー

ドライラベンダー

ラベンダーはとてもすてきな香りがします。

ドライフラワーは、香りが強いので、この小さなピラミッド型の袋に詰めるといいでしょう。

必要なもの
- コットンの布
- 縫い糸
- 針、まち針
- ラベンダーのドライフラワー
- ドライライス

1 布を裁ちます

布を中表に合わせます。

薄手の布二枚を10cm×10cmの正方形に裁ちます。

本返し縫い（バックステッチ→p.12）で3辺を縫い合わせます。

2 表に返します

袋の表側を外に返します。

3 袋の中身を入れます

袋に大さじ1杯のドライライスと大さじ2杯のラベンダーのドライフラワーを詰めます。

詰めすぎないようにしましょう。

4 縫い合わせます

三角形になるように袋の端を合わせます。

内側に折り込み、きっちりと縫い合わせます。

5 仕上げ

布を小さな正方形に裁つと、小さなサイズのピラミッド型の袋ができます。

かわいいリボンやテープを縫いつけ、ステッチでとめます。

ちょっとしたこつ
手芸用ボンドを使って、飾りをはりつけましょう。

Sewing ソーイング 23

甘い香り
ドライラベンダーが
見つからなければ、
かわりにポプリを
使ってもいいでしょう。
ばらやパインツリーも
とてもすてきな香りがします。

アレンジしましょう
「刺繡」のところで覚えた
刺繡のステッチを使って
自分流にアレンジした袋を
作ってみましょう。
ステップ1（→p.22）で正方形を
縫い合わせる前に、
布の表にデザインを
刺してみましょう。

Key case pendant
キーケースペンダント

ただのかわいいペンダントではありません！

かぎを入れておくのにぴったりのペンダントです。かぎを使うときやしまうときは、フェルトのキーケースを上下に動かすだけでいいのです。

さあ、やってみましょう

必要なもの
- 適当な大きさに裁ったいろいろな形のフェルト
  (本の前見返しの型紙を使いましょう)
  - 刺繍糸
  - 刺繍針
  - まち針
  - リボン

キーケースの形にフェルトを2枚裁ちます。

飾りの形にフェルトを裁ちます。

フェルトのキーケースから抜けてしまわないようにリボンを大きく結びます。

2枚のフェルトの間にリボンを置きます。

フェルトとリボンをまち針で一緒にとめます。

ブランケットステッチ(→p.12)を使って、前と後ろのフェルトを一緒に縫い合わせます。このとき、リボンを縫いつけてしまわないように注意しましょう。

かぎをしまったり、出したりするときは、キーケースを上下に動かします。

前側のフェルトに飾りのフェルトを縫いつけます。

かぎにリボンの輪のほうを通して、その輪にリボンの端を入れて引きます。

1 飾りを縫いつけます　**2** まわりを縫い合わせます　**3** 完成です！

Sewing ソーイング 25

丸が
いろいろ

きれいなステッチ
この本(→p.12)に
掲載されている
刺繍のステッチを
試してみましょう。

デージー

ふくろう

キーケースペンダント
首にかけたり、
手首に巻く場合は、
それぞれリボンが
ちょうどいい長さになるように
調整しましょう。

チンパンジー

Hanging softies つり下げて飾るフェルト小物

いろいろな小さい形のフェルト小物を作って、いろんなところにつるしましょう！

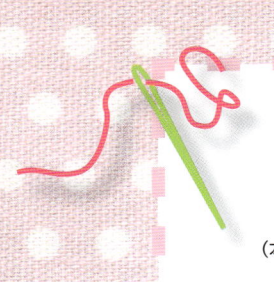

必要なもの
- 適当な大きさに裁った いろいろな形のフェルト（本の前見返しの型紙を使いましょう）
- 刺繍糸
- 刺繍針
- 手芸わた

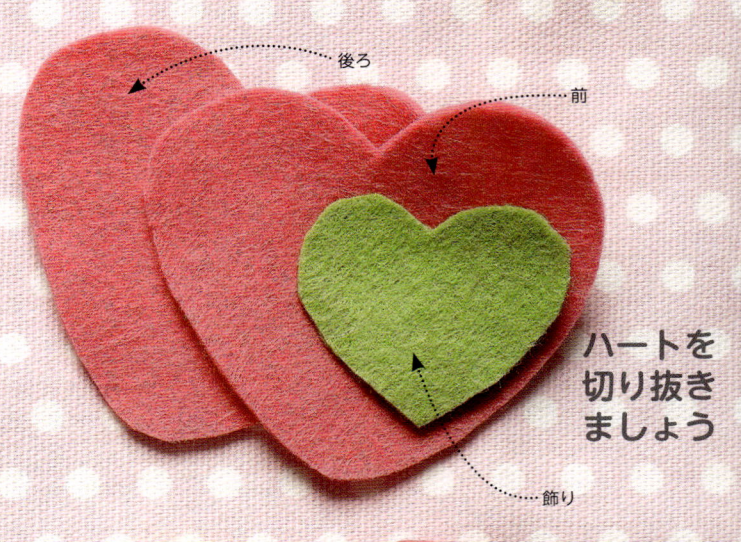

後ろ
前
ハートを切り抜きましょう
飾り

ソーイングのヒント
ステッチはすべて同じ長さに、間隔は均等になるようにします

前のみ
前に飾りをつけてから、後ろを縫いつけます。

1 飾りを縫いつけます

前と後ろ
ブランケットステッチ（→p.12）を使って前と後ろを縫い合わせます。少し開け口を残しておきます。

2 ハートを一緒に縫います

わたを詰めます。詰めすぎないようにしましょう。

3 詰めます

開け口を縫い合わせてとめます。

型紙
本の前見返しの型紙を使ったり、自分で型紙を作ってみましょう。

4 一緒に縫い合わせます

Sewing ソーイング

つり下げましょう
刺繍糸かリボンをつけたら、クリスマスツリーやドアノブなどどこにでもつり下げることができます。

ギフトアイディア
●ブローチ
後ろに安全ピンを縫いつけましょう。
●キーリング
キーリングにつけてみましょう。
●ネックレス
リボンを使って身につけられるようにしましょう。

Felt flowers フェルトフラワー

かわいい花びら

パーティーに着ていく洋服につけると
おしゃれのアクセントになります。
ヘアクリップ、ヘアバンド、
バングル、バッグに
つけてみましょう。

必要なもの
- 適当な大きさに裁った
いろいろな形のフェルト
(本の前見返しの型紙を参考にしましょう)
- 縫い糸、針
- ボタン

花を作ります

1. 花びらの形の型紙を一つ作って、花びらを5枚作ります。
型紙にそって線を写します。

2. 花びらを切り抜きます。

3. 並縫い(ランニングステッチ→p.12)で花びらを縫い合わせます。

4. 最初の花びらの端に最後の花びらを縫いつけます。

5. 糸をゆっくり引いて布の花びらにギャザーを寄せます。

6. 花びらを固定させるためにギャザーを縫いとめます。

仕上げ

1. もう一つ花を作ります。花の中心を縫い合わせます。

2. ボタンを一つ縫いつけて(→p.13)、二つの花を縫い合わせます。

3. ヘアゴムやヘアピンなどに縫いつけたり、手芸用ボンドではりつけます。

ヘアピン
ヘアゴム

Sewing ソーイング 29

ちょっとしたこつ
フェルトフラワーは、余ったフェルトを上手に利用して作ることができます。余った小さなフェルトをとっておくと、色違いの花をたくさん作ることができます。

おしゃれなフラワーアクセサリー
きれいな花を洋服やバッグにも飾りつけてみましょう。

Bags of ribbons リボンのバッグ

いろいろなトリミング。
余ったリボンをたくさん集めておいて、色とりどりの
バッグにしてしまいましょう。

バッグの後ろ側には、10㎝×10㎝の厚手のコットンを使います。

バッグの前側には、10㎝×10㎝の薄手のコットンを使います。

必要なもの
- 2枚の正方形の布
 （薄手のコットン、厚手のコットン）
- 縫い糸
- 針、まち針
- 余ったリボンいろいろ

いろいろなリボンを布と同じ幅に切ります。

1 材料をそろえます

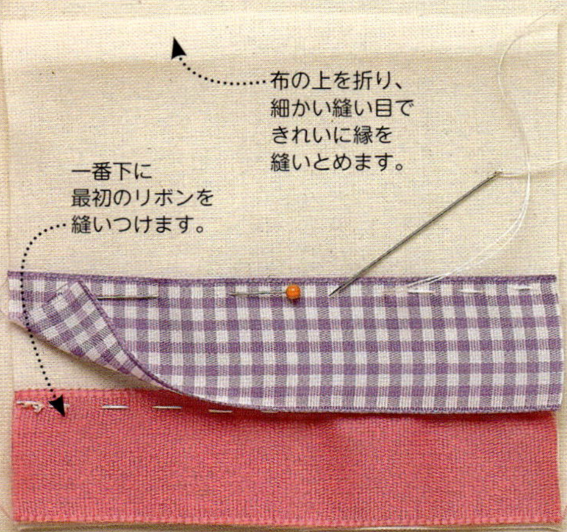

リボン
プレゼントやパッケージのリボンがあったら、集めておくようにしましょう。短くても作品の飾りつけに使えます。

布の上を折り、細かい縫い目できれいに縁を縫いとめます。

一番下に最初のリボンを縫いつけます。

2 リボンを縫いつけます

折った縁の上に最後のリボンを縫いつけます。

レースやほかのトリミンもつけます。

3 さらに飾りをつけます

中表に合わせます。

本返し縫い（バックステッチ→p.12）で3辺を縫い合わせます。

4 前側と後ろ側を縫い合わせます

一番上を折り、細かい縫い目できれいに縁を縫いとめます。

5 表に返します

Sewing ソーイング 31

ストラップをつけます
肩からかけられる長さに
リボンを1本切ります。
できあがったバッグの
両側にリボンを縫いつけます。

リボンのストラップ

大きくても小さくても
かまいません
バッグのサイズは
あくまでも目安です。
自由に大きくしたり、
小さくしてかまいません。
中に入れるものを決めて、
それに合ったサイズの
バッグを作りましょう。

ストラップに
ボタンをつけても
いいでしょう。

Cup cakes カップケーキ

食べてしまいたくなるかわいさです！

ピンクッションやブローチにしてもいいですし、お皿の上に置くだけでも楽しいカップケーキです。

必要なもの

- 適当な大きさに裁った いろいろな形のフェルト
（本の前見返しの型紙を使いましょう）
- 刺繍糸
- 刺繍針
- 手芸わた

1 ペストリーを切り抜きます

後ろ / 前 / 飾り

2 飾りのジャムを縫いつけます

前のみ
小さな短いステッチをたくさん刺します。

3 縫い合わせます

前と後ろを重ね合わせます。
前と後ろを一緒に縫い合わせます。

4 ギャザーを寄せます

小さな開け口を残して、糸を引き、布にギャザーを寄せます。

5 ジャムタルトにわたを詰めます

わたを入れます。ただし入れすぎないように注意しましょう。
わたを詰めるために開け口を開きます。

6 縫い合わせます

開け口を縫い合わせて糸を引き、裏側で玉止めします。

Sewing ソーイング 33

チェリータルト
赤いフェルトを丸く切ってチェリーにしましょう。

ジャムタルト
黄色のステッチが、小さな種のように見えます。

チョコレートケーキ
ピンクのフェルトを渦巻き状に切ってアイシングにしましょう。

シュガーチップケーキ
彩り鮮やかなステッチが、シュガーチップのように見えます。

ブローチ
安全ピンを後ろに縫いつけます。

ピンクッション

ギフトアイディア
- ブローチ
  安全ピンをミニカップケーキに縫いつけます。
- ピンクッション
  裁縫キットにピンクッションとして入れます。
- バースデーケーキ
  一つ友だちにあげて特別な日をお祝いしましょう！

Hello Dolly! こんにちは、ドリー！

起きているドリー人形です！
ネグリジェをかたづけて、洋服を着せたら、新しい一日の始まりです。

ドリーの
きんちゃく

かわいい袋
を作って、
ドリーを
しまいましょう
（→p.20）。

おしゃれな
洋服を着た
昼間のドリー

ドリーが
夜寝るときの
アイテム

Good night Dolly おやすみ、ドリー！

しーっ、寝ているドリー人形です！
枕を取り出して、ネグリジェを着せたら、寝る準備ができました。テディベアも忘れずに！

ドリーの枕

ドリーのネグリジェ

ドリーのテディベア

一つで二人のドリー
この左右の人形は、実は一つの人形です！片方は起きている顔で、反対側は寝ている顔になっています。

ドリーの本体を作りましょう

「こんにちは、ドリー／おやすみ、ドリー」の型紙を切り取って、自分のドリーを作りましょう。無地のコットンの布とp.58の型紙を使いましょう。

必要なもの
- ドリーの型紙
- コットンの布
- 縫い糸
- 針、まち針
- はさみ
- 手芸わた
- 鉛筆

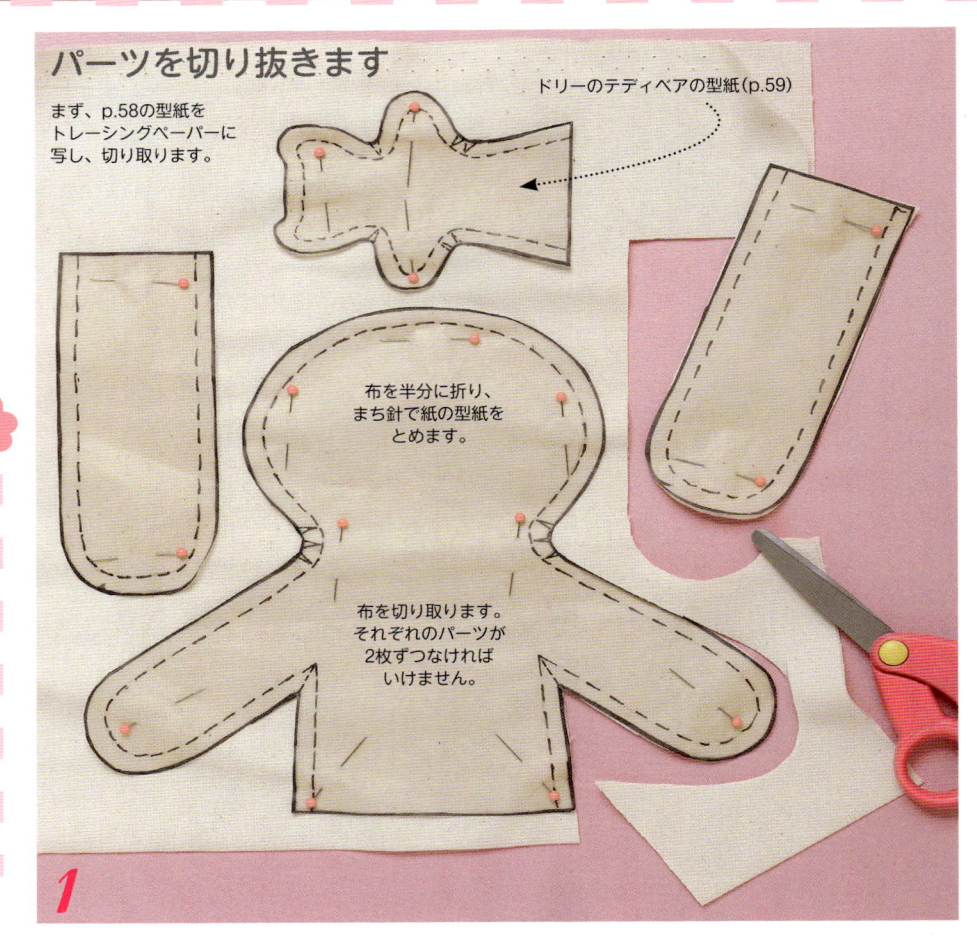

1 パーツを切り抜きます

まず、p.58の型紙をトレーシングペーパーに写し、切り取ります。

ドリーのテディベアの型紙(p.59)

布を半分に折り、まち針で紙の型紙をとめます。

布を切り取ります。それぞれのパーツが2枚ずつなければいけません。

2 型紙を外して、2枚の布を一緒にまち針でとめます。

パーツのまわりを縫い合わせます。

3 本返し縫い（バックステッチ→p.12）で、すべてのパーツを縫い合わせます。

4 パーツの表を外側に返します

5 腕と頭の形を整えます。

ちょっとしたこつ
人形の形を整えるときは、先のとがっていない鉛筆を使いましょう。そっと慎重に押せば、縫い目を切ってしまうことはありません。

6 ボディと足のパーツがそろいました。

Sewing ソーイング

37

7　何度かに分けて、少しずつわたを詰めていきます。

8　先のとがっていない鉛筆を使って、なかなか届かない部分にわたをそっと動かします。

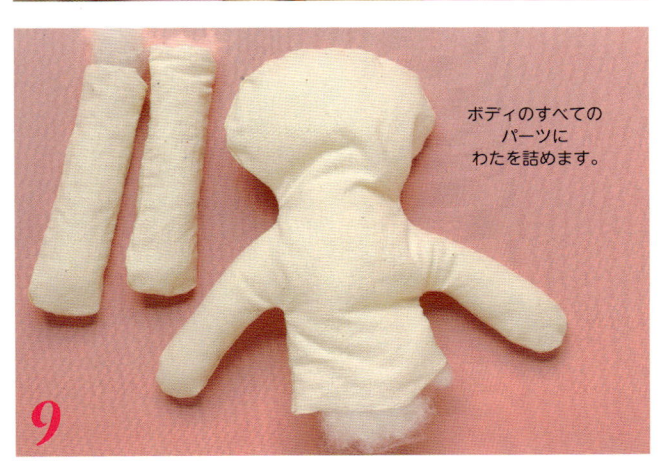

9　ボディのすべてのパーツにわたを詰めます。

10　ボディの下の部分を内側に折り込んで、縫い合わせます。
足も同様にします。次に、足をボディに縫いつけます。

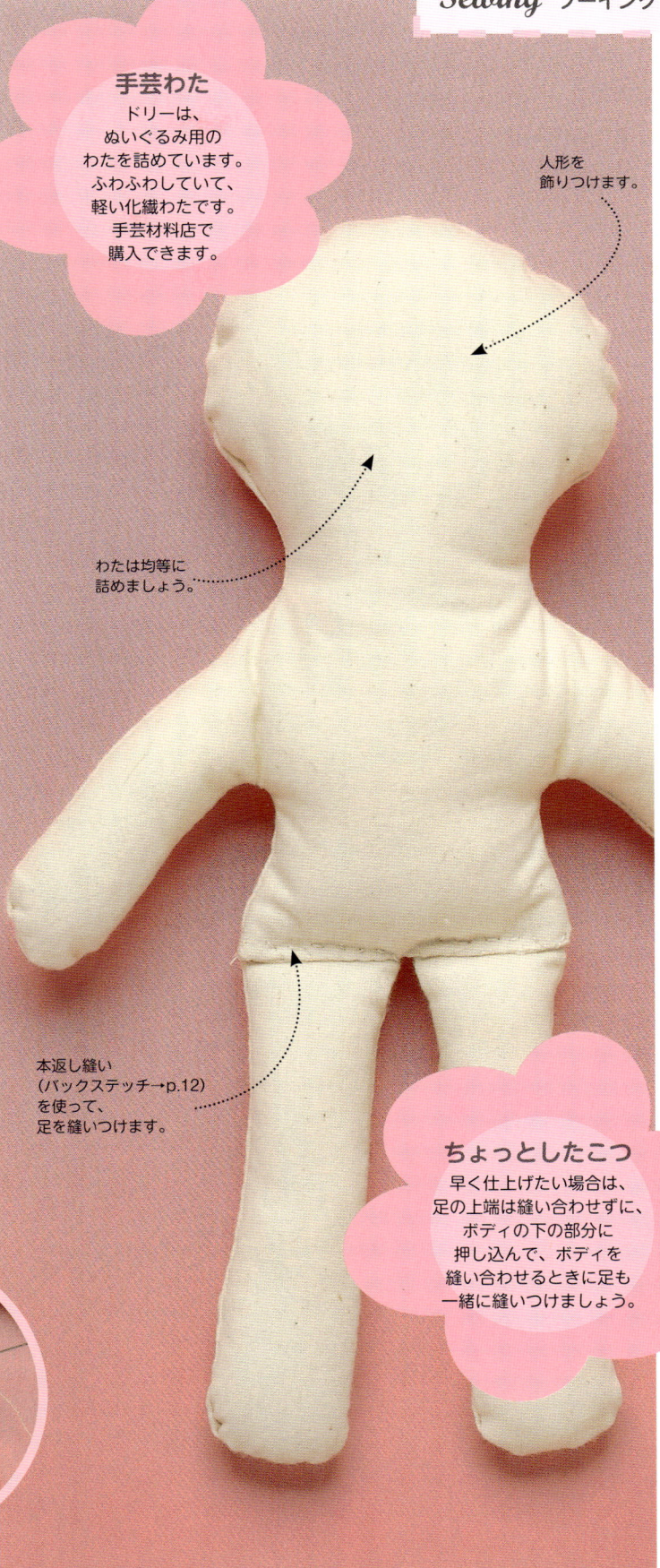

手芸わた
ドリーは、ぬいぐるみ用のわたを詰めています。ふわふわしていて、軽い化繊わたです。手芸材料店で購入できます。

人形を飾りつけます。

わたは均等に詰めましょう。

本返し縫い（バックステッチ→p.12）を使って、足を縫いつけます。

ちょっとしたこつ
早く仕上げたい場合は、足の上端は縫い合わせずに、ボディの下の部分に押し込んで、ボディを縫い合わせるときに足も一緒に縫いつけましょう。

ドリーの顔を作りましょう

ドリーの起きている顔と寝ている顔を作ります。刺繍のステッチを使って顔の表情を作りましょう。布用ペンやフェルトを使えばもっと簡単に表情を作ることができます。

必要なもの
- 刺繍糸
- 刺繍針
- フェルト
- はさみ
- 手芸用ボンド
- 布用ペン

刺繍で作る顔

両側に鉛筆で顔を描きます。

バックステッチを使って顔の表情を作ります。

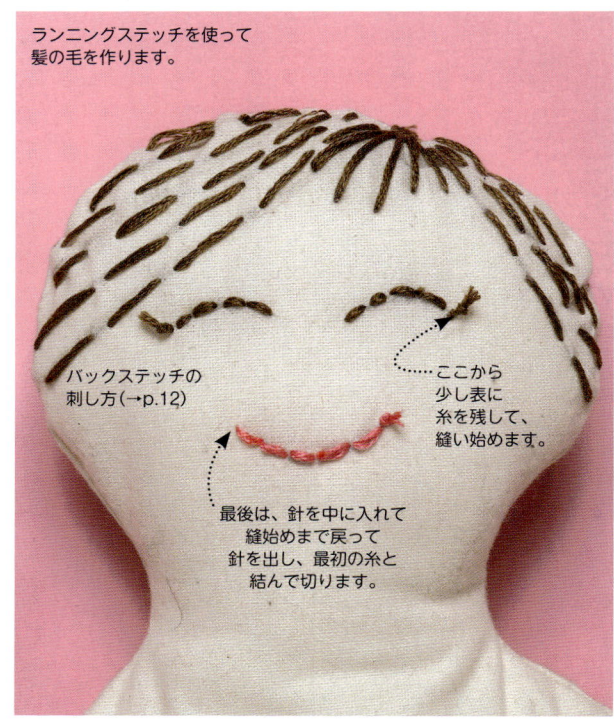

ランニングステッチを使って髪の毛を作ります。

バックステッチの刺し方(→p.12)

ここから少し表に糸を残して、縫い始めます。

最後は、針を中に入れて縫始めまで戻って針を出し、最初の糸と結んで切ります。

布用ペンで描いた顔

布用ペンを使えば、一番簡単にドリーの顔の表情を作ることができます。

まつげも忘れないようにしましょう。

フェルトで作る顔

フェルトを使って顔を作ることもできます！手芸用ボンドを使ってフェルトをはりつけます。

フェルトから顔のパーツを切り取ります。

猫の顔にアレンジしてみましょう

人形の代わりに、テディベア、犬、猫を作ってみませんか。

ステッチ、ペン、フェルトなどを使って、猫の顔を作りましょう。

ドリーの洋服を作りましょう

ドリーの洋服を
デザインしてみましょう。
好きな布を選んで、
昼と夜の服を
一緒に作りましょう。

必要なもの
- 布
- 縫い糸
- 針、まち針
- リボン
- 安全ピン

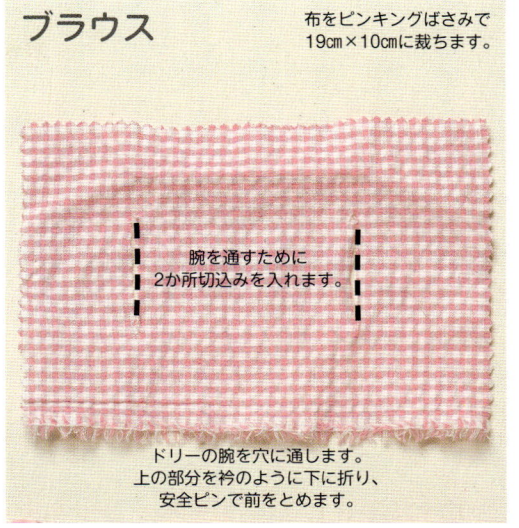

ドリーのブラウス

ドリーのスカート

ブラウス

布をピンキングばさみで19㎝×10㎝に裁ちます。

腕を通すために2か所切り込みを入れます。

ドリーの腕を穴に通します。
上の部分を衿のように下に折り、
安全ピンで前をとめます。

スカート

布を38㎝×15㎝に裁ちます。

上と下を折り、まち針でとめます。

並縫い（ランニングステッチ→p.12）で折った部分を縫います。

折った部分のなるべく端に近いところを縫っていきます。

ネグリジェ

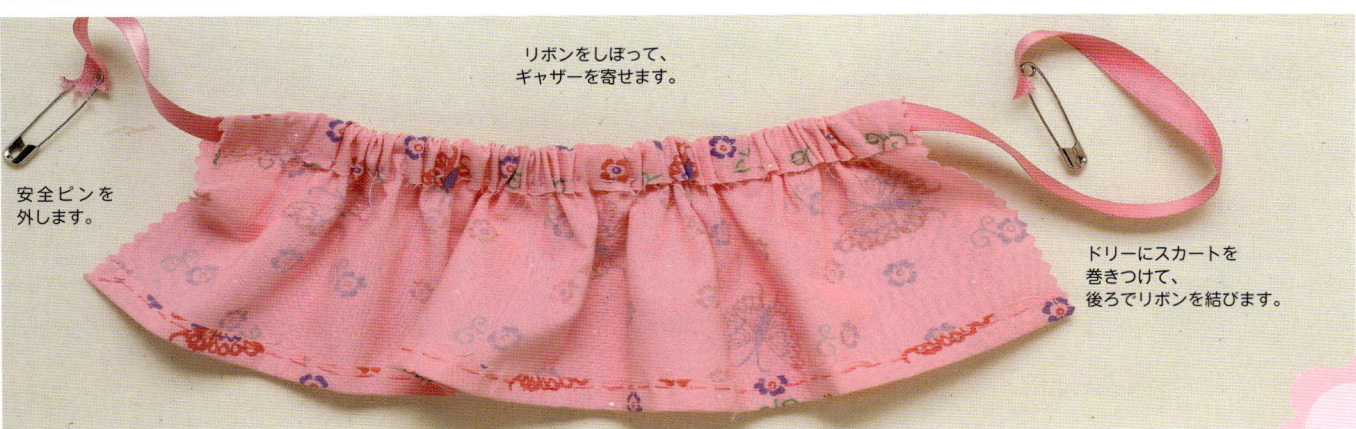

布を25㎝×20㎝に裁ちます。
上と下を折って、縫います。
上の部分にリボンを通します。
腕を通す穴を開けます。

リボンを通すときは、リボンの端に安全ピンをつけます。

安全ピンをリボンの通し口に押し込みます。

安全ピンを押しながら反対側まで通します。

リボンが抜けないようにリボンの反対側にも安全ピンをつけます。

リボンをしぼって、ギャザーを寄せます。

安全ピンを外します。

ドリーにスカートを巻きつけて、後ろでリボンを結びます。

Knitting 編み物

編み物を覚えたら、帽子、マフラー、ブレスレット、バッグなど何でも作れるようになります。

ニッティングドール 長い毛糸のコードを編むのに便利です。

色の違う針を使うと、途中で編み物を中断したときに、どちらに編み始めたらいいのかがすぐにわかります。

毛糸 いろいろな太さがあり、ウール、ナイロン、コットンでできています。この本で紹介するほとんどの作品は、太すぎず、細すぎない、並太と呼ばれる太さの毛糸を使用しています。

編み針(棒針) 針のサイズは数種類あります。初心者は、扱いが簡単なので短い針を使うといいでしょう。

とじ針 作品の始末に使うのは、針先が丸くて針穴の大きい長い針がいいでしょう。

はさみ

毛糸のコード

編み目

ガーター編み

「ガーター編み」、または、「表編み」は、一番簡単な編み方です。

編み物

編み物とは、針を使って糸をつながった輪（編み目）にして編み地を作ることです。いろいろな編み方があり、風合いの異なる編み地を作ることができます。

粗く紡いだ糸
極太毛糸
モヘア
並太毛糸
ラメ糸
コットン糸

メリヤス編み

裏編みを編んでから、表編みを編んでいくとこのようになります。この本では、表編みの編み方を学びましょう。

Handy knits 指編み

編み針が見つからない?

それなら代わりに指を使いましょう。鮮やかな色のベルトや友だちのためのブレスレットを作るのに便利な編み方です。

必要なもの
- 毛糸（太い糸または細い糸）
- 指

作り目

1. 糸端を手にかけます。

2. 人差し指に糸を一回巻きつけます。

3. それぞれの指に糸を一回ずつ巻きつけます。

4. 今作った列の上にくるように、指の上で元の位置まで糸を返します。

一列編んでみましょう

1. 下の糸を手前から上の糸の上に持ち上げて、そのまま指の後ろに回します。

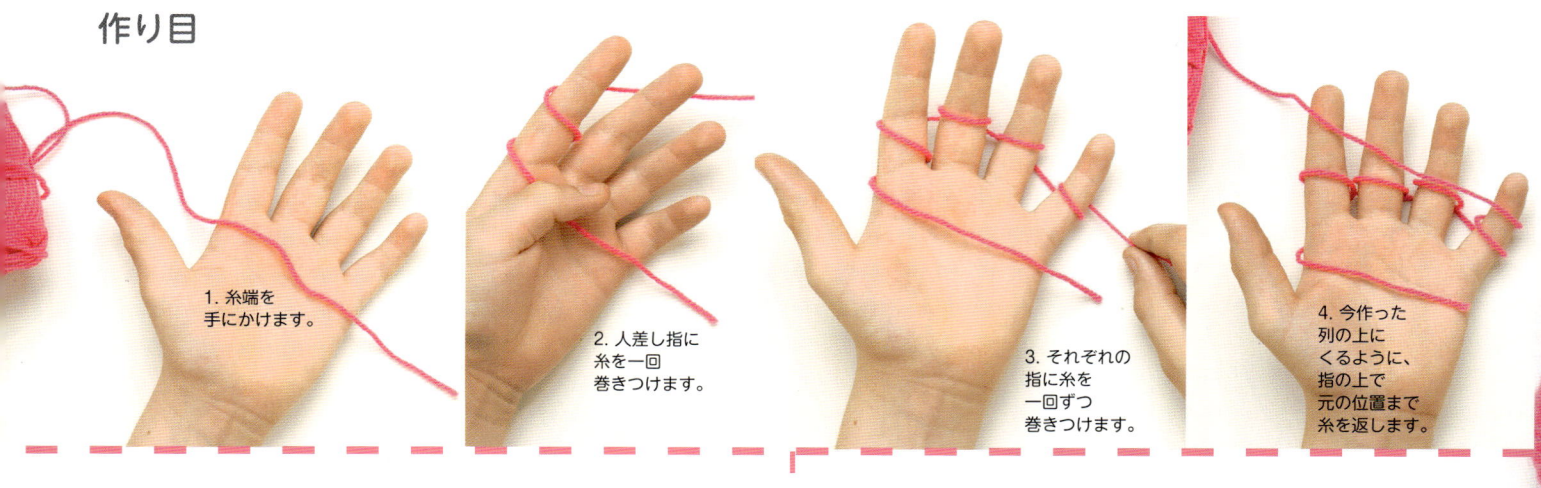

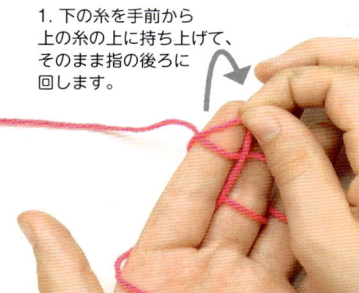

一目編めました

2. ステップ1をすべての指で繰り返します。

次の列を編みましょう

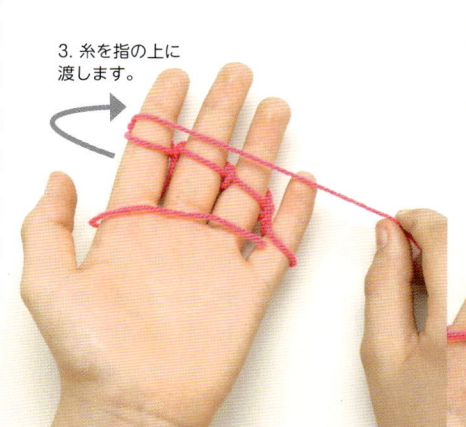

3. 糸を指の上に渡します。

4. 下の糸を手前から持ち上げて指の後ろに回して、これまでと同じように編み目を作っていきます。

形にする

手のひらを返します。

糸端を引くと、編み地がソーセージの形になります。

仕上げ

1. 1つ目の編み目を指から外します。

2. 次の指にかけます。

3. 下の糸を手前から上の糸に持ち上げて指の後ろに回して、上の写真のように編んでいきます。

4. 最後の一目になるまでこれを繰り返します。

糸をここで切ります。

最後の編み目を指から外します。

糸端を輪に通し、しっかり引きます。

Knitting 編み物 43

ちょっとしたこつ
糸はきつく引きすぎない
ようにしましょう。
きつすぎると、指の上で
編み目を移動するのが
難しくなります。

**色を混ぜて
みましょう**
指編みに慣れてきたら、
2、3本の糸を
一緒に編んで色を
混ぜてみましょう。

ニッティングドールは、買うこともできますし、自分で作ることもできます。

どの毛糸？
どんな毛糸でも大丈夫ですが、余った毛糸を使い切るようにしましょう。長いストライプのコードを作るのにぴったりです。

人形の頭のてっぺんで編み目を作っていきます。

Knitting dolls
ニッティングドール

カラフルなコードがものすごく簡単に作れます。

コードはブレスレットにしても、この本のほかの作品で使ってもいいでしょう。

先のとがっていない編み針か刺繍針

編みあがったコードは、人形の下から出てきます。

コードは、チューブ状になります。

ニッティングドール
ニッティングドールは、おもちゃ屋さんや手芸材料店で売っています。

Knitting 編み物

自分のニッティングドールを作りましょう

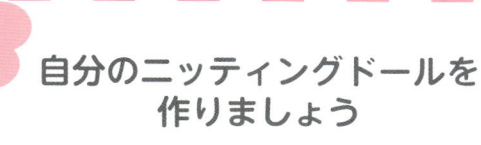

使い終わったテープの巻き芯に、ペーパークリップを均等にはさみます。そのまわりにテープをたくさん巻きつけてしっかりと固定します。

必要なもの 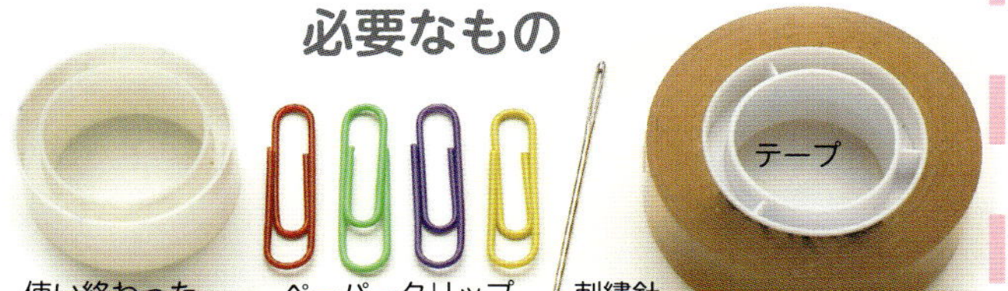
- 使い終わったテープの巻き芯
- ペーパークリップ 4個
- 刺繍針
- テープ

作り目

1. 糸端を糸巻きの上から通します。
2. 最初のペーパークリップのまわりに糸を巻きつけます。 
3. すべてのクリップのまわりに糸を巻きつけます。 
4. 最初のクリップに糸をかけます。 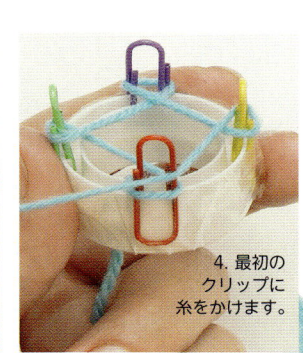

編み目を作ります

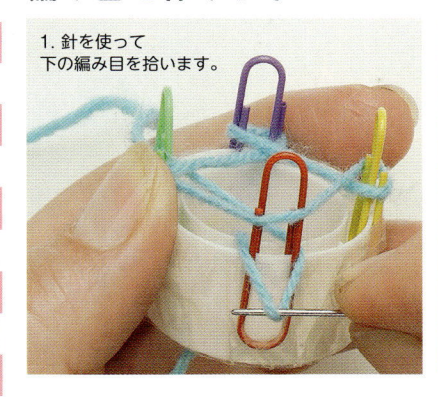

1. 針を使って下の編み目を拾います。
2. 編み目をクリップの上にかけます。 

それぞれのクリップに糸をかけ、編み目をクリップの上にかけていきます。

コードができてきました。

伏せ目

1. 最後の編み目を次のクリップの上にかけます。一目編みます。

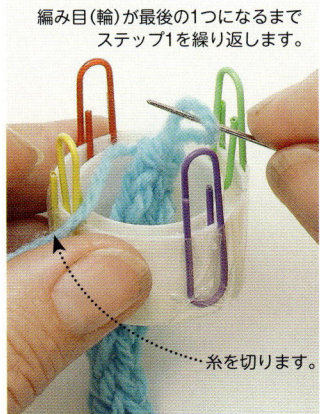

編み目(輪)が最後の1つになるまでステップ1を繰り返します。

…糸を切ります。

糸端を最後の輪に通して、きつく引けば完成です。

ちょっとしたこつ

この自家製のニッティングドールは、お店で買ったものよりも太いコードが作れます。

輪がいっぱい

次々に指で鎖編みを編んで色とりどりのひもを作りましょう。ブレスレットや洋服のアクセサリーとして使いましょう。

必要なもの
- 毛糸(余った糸)
- 指

色とりどりの糸を一緒に鎖編みにします。

輪を作ります

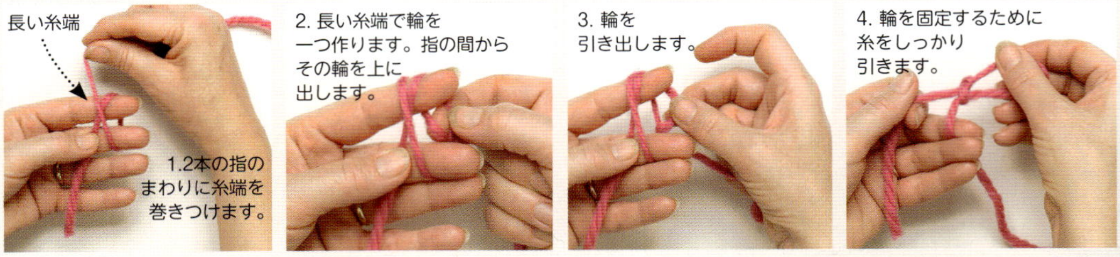

長い糸端

1. 2本の指のまわりに糸端を巻きつけます。
2. 長い糸端で輪を一つ作ります。指の間からその輪を上に出します。
3. 輪を引き出します。
4. 輪を固定するために糸をしっかり引きます。

もう一つ輪を作ります

5. 輪を開きます。
6. 長い糸端をつまんでもう一つ輪を作り、最初の輪の中に通します。
7. 糸をしっかり引いて、2つ目の輪が最初の輪の上にくるようにします。

さらに輪を作っていきます

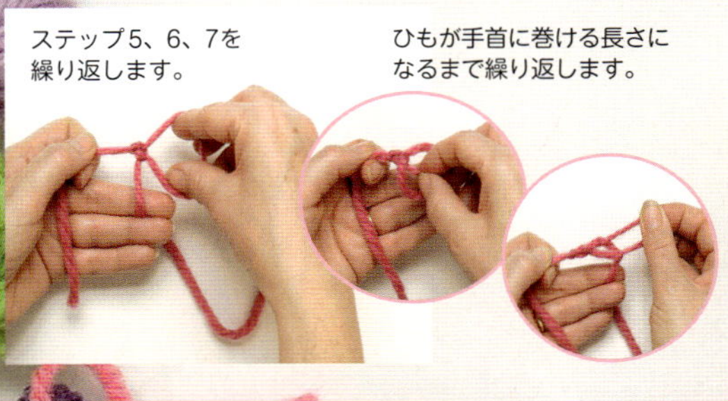

ステップ5、6、7を繰り返します。
ひもが手首に巻ける長さになるまで繰り返します。

止め方

1. 毛糸を切ります。
2. 最後の輪に糸端を通し、しっかり引きます。

余った糸

二本どりの鎖編みひも

小さな一本どりの鎖編みひも

糸端をリボン結びにします

鎖編みひもは、ブレスレットにして友だちのギフトにしてもいいですし、バッグにつけたり、ヘアバンドとしても使えます。

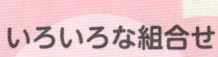

いろいろな組合せ
たくさんの糸を一緒に編んでみましょう。太いひもにするには太目の毛糸を使い、きらきらしたひもにするには光沢のあるラメの糸を使いましょう。

ラメ糸

編み針で編む

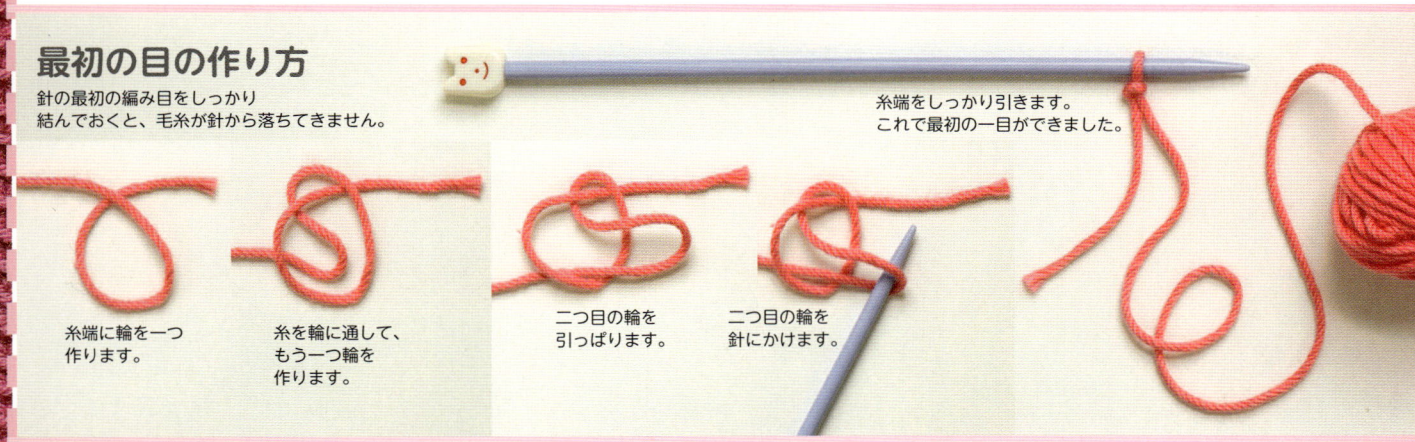

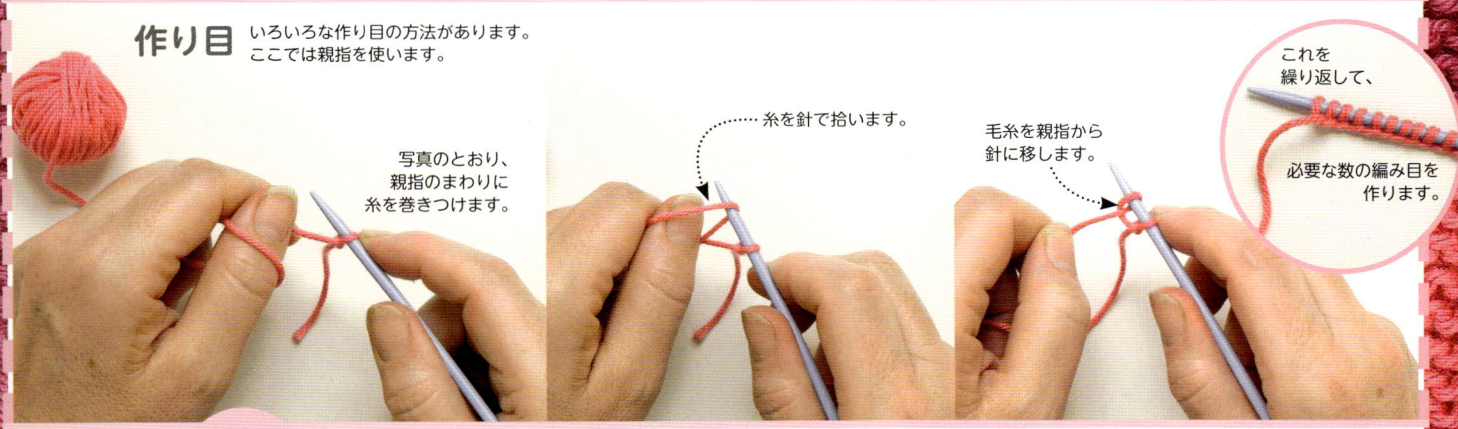

これは、「表編み」といわれる簡単な編み方で棒針を使って編んだ編み地です。
表編みだけを何段も編んだものは、「ガーター編み」といいます。

編み針
編み目といわれる輪
段
毛糸玉
編み続けるとどんどん長くなっていきます

最初の目の作り方
針の最初の編み目をしっかり結んでおくと、毛糸が針から落ちてきません。

- 糸端に輪を一つ作ります。
- 糸を輪に通して、もう一つ輪を作ります。
- 二つ目の輪を引っぱります。
- 二つ目の輪を針にかけます。
- 糸端をしっかり引きます。これで最初の一目ができました。

作り目
いろいろな作り目の方法があります。ここでは親指を使います。

- 写真のとおり、親指のまわりに糸を巻きつけます。
- 糸を針で拾います。
- 毛糸を親指から針に移します。
- これを繰り返して、必要な数の編み目を作ります。

編み目はいくつ？
この本に掲載されている作品は、作り目の数を記載しています。編み目が多ければ編み地の幅が広くなり、編み目が少なければ編み地の幅が狭くなります。

編む準備ができました！

編み目 1目 2目 3目 4目 5目…

新しい列を編み始めるときは、右から左に編んでいきます。

編んでいく糸も右側にきます。

「表編み」の編み方
二通りの編み方があります。

次のステップでは、2種類の異なる表編みの編み方を説明しています。
どちらが編みやすいか実際に試してみてください。
左利きの人は、2番目の編み方が編みやすいようです。

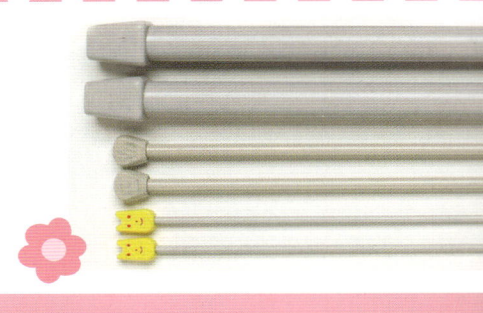

1 この方法を試してみましょう

番号のところに編み方の詩が書いてあるので暗記しましょう。編み方が簡単に覚えられるでしょう。

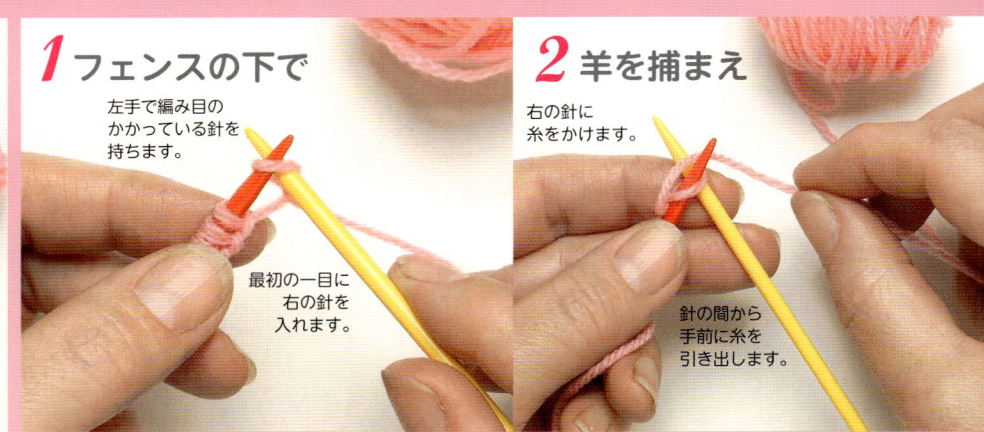

必要な作り目が編めた状態

右手の指の間に毛糸をかけるようにすると、編むときに手全体を動かす必要がありません。

1 フェンスの下で
左手で編み目のかかっている針を持ちます。
最初の一目に右の針を入れます。

2 羊を捕まえ
右の針に糸をかけます。
針の間から手前に糸を引き出します。

2 あるいはこの方法を試してみましょう

左利きの場合はこの編み方を試してみましょう。

必要な作り目が編めた状態

写真のように左手の指に糸をひっかけます。

1 うさぎの穴の中に入って 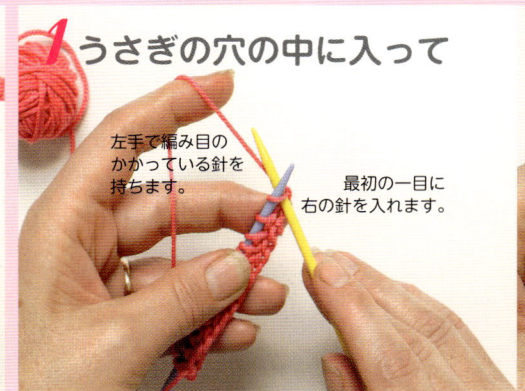
左手で編み目のかかっている針を持ちます。
最初の一目に右の針を入れます。

2 木のまわりを駆け回り 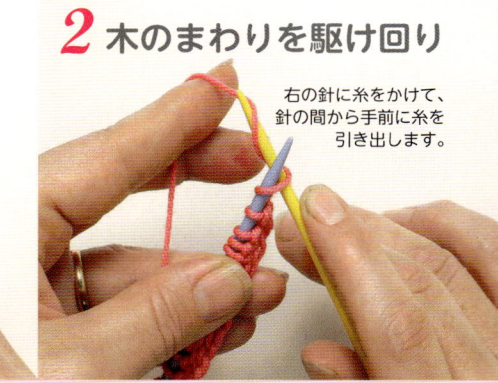
右の針に糸をかけて、針の間から手前に糸を引き出します。

伏せ目―目の止め方
編み目を一目ずつ外します。

1. 2目表編みをします。

2. 最初の目を次の目にかぶせ、
右針の後ろに回します。

最後の一目になるまで、1目表編みとステップ2を繰り返します。

最後の目を開いて、毛糸玉の糸を切り、糸端を輪の中に通します。

糸をしっかり引きます。

必要なもの

いろいろなサイズの編み針

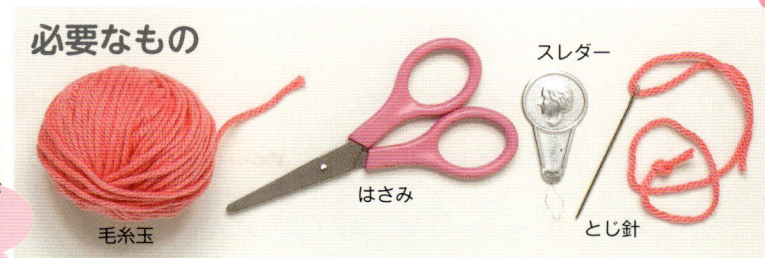

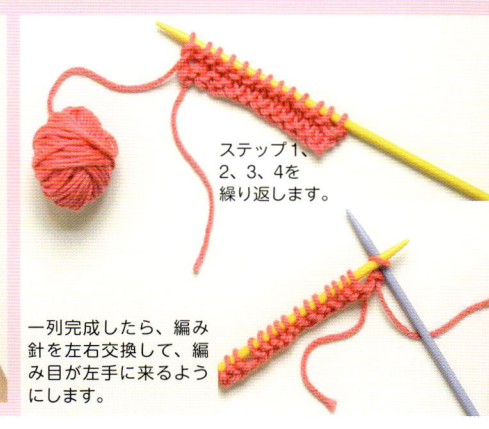

初心者は、編んでいるところがよく見える毛糸（ふわふわしていない毛糸）を使うといいでしょう。

毛糸玉　はさみ　スレダー　とじ針

3 来た道戻って

右の針の先端を手前にねじり、糸を一緒に手前に持ってきます。

4 飛び降りた

左の針から今作った編み目を外します。

一列完成したら、編み針を左右交換して、編み目が左手に来るようにします。

ステップ1、2、3、4を繰り返します。

3 うさぎの穴から出て来て

右の針を手前に持ってきて、糸も一緒に手前に出します。

4 逃げてった

新しい編み目を左側の針から外します。

ステップ1、2、3、4を繰り返します。

一列完成したら、編み針を左右交換して、編み目が左手に来るようにします。

糸の始末をします

編み地が完成したら、糸端を始末します。

糸端をそれぞれとじ針の穴に通します。

編み地の端に針を押しながら、5段ほどくぐらせます。

針を引き抜き、糸を切ります。

縫い目をとじ合わせます

2枚の編み地をそろえます。

糸に玉結びを作って、とじ目の内側に玉結びが隠れるように縫います。

編み地の端をすくって、しっかり2枚をとじて固定します。

途中まで戻り糸を切ります。

Crazy knits
クレイジーニット

簡単な編み地から、自分だけの愉快な友だちを作りましょう。

必要なもの
- 6号の編み針 ・並太毛糸
- 余ったフェルト
- 手芸用ボンド ・毛糸のコード
- とじ針 ・手芸わた

糸の始末をします（→p.49）。

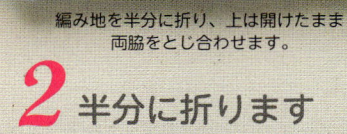

1 編み地を編みます
作り目を12目作ります。13cmの長さに編みます。

2 半分に折ります 
編み地を半分に折り、上は開けたまま両脇をとじ合わせます。

3 詰めます 
わたを詰めます

4 とじます
開け口をとじます

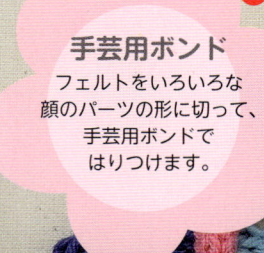

5 顔を作ります
フェルトをいろいろな形に切って、手芸用ボンドではりつけます。

手芸用ボンド
フェルトをいろいろな顔のパーツの形に切って、手芸用ボンドではりつけます。

Knitting 編み物 51

足としっぽ
ニッティングドール(→p.44)で作ったコードを使って、足やしっぽにして縫いつけましょう。

かわいい猫

クレイジーキャット

手長エイリアン

クレイジーキャット
23cmの長い編み地を編んで、p.50と同じやり方で作ります。首の位置に糸を巻いて、きつく引いてしばると頭ができます。

ふくろう

Knitted purses 毛糸のバッグ

編み地から便利なバッグへ
シンプルだけど便利なこの小さなバッグは、好きなサイズに作ることができます。

必要なもの
- 6号の編み針
- 並太毛糸
- とじ針
- ボタン

バッグのサイズ
バッグのサイズを変えるには、作り目の数を増やしたり減らしたりして、好きな長さに編むだけでいいのです。

1 ガーター編みをして、伏止めします

この編み地を作ります
15目作り目をして、編み地が15cmの長さになるまで編んでいきます。

糸の始末をします(→p.49)。

2 両脇をとじます

これがバッグのふたになります。

編始めの糸を利用して、両脇を糸で縫いとじます。

写真のとおり、ふたの部分を残して下から折り上げます。

3 ループを作ります

1. 糸を通した針をふたの真ん中にくぐらせます。
   完全に引き抜かないようにします。

2. 糸がバッグの両側にくるように、通します。

3. 輪になるように2本の糸を一緒に結びます。

Knitting 編み物

53

フェルトを手芸用ボンドではりつけたり、ボタンを縫いつけて目をつけてみましょう。

長いコードを作って、首や肩にかけられるようにしましょう。

バッグのふたをとめるためにボタンを縫いつけましょう。

ちょっとしたこつ
ニッティングドールで作ったコード(→p.44)を使って、肩ひもを作りましょう。コードの端をバッグの内側の一番上に縫いつけてください。

Woolly hats ウールの帽子

自分に一つ、ドリーに一つ！

1 ガーター編みをします

→ 糸の始末をします（→p.49）。

ドリー用は16目作り目をして、20cmの長さに編みます（→p.48）。

ドリーの帽子を作るときは、6号の編み針を使いましょう。

必要なもの
- 6号と13号の編み針
- 並太毛糸
- とじ針
- フェルトフラワー、ポンポン（飾り用）
- 縫い糸、針

2 半分に折ります

糸を強く引き、ギャザーを寄せます。

編終りの糸で両端を一緒に縫い合わせます。

ギャザーの上を前後に縫い合わせて、閉じます。

3 帽子の片側にギャザーを寄せます

糸端に玉結びを作ります。

帽子のてっぺんを並縫い（ランニングステッチ→p.12）で縫います。

4 帽子のてっぺんを閉じます

5 飾りつけてみましょう

フェルトフラワーの作り方（→p.28）。

ポンポンの作り方（→p.57）。

フェルトを好きな形に切り抜きます。

縫い針と糸で飾りを帽子に縫いつけます。

自分の帽子は13号、
ドリーの帽子は
6号の編み針を
使います。

自分の帽子

サイズを大きくして、
ドリーの帽子の作り方と
同じようにやってみましょう！
13号の編み針を使って、
作り目を30目作ってから、
50cmの長さに編みます。
ドリーの帽子と同じように
仕上げて、飾りを
つけましょう。

もう一枚編んで
暖かいドリーの
マフラーを
作りましょう。

ポンポン

ポンポンの作り方（→p.57）
帽子につけるときは、
針と糸を使って
帽子に縫いつけるだけです。
小さなポンポンを作る場合は、
小さな約5cmのディスク状に
厚紙を切ります。

Big knitting! 大きく編みましょう！

太い編み針を使った編み物は、
これまでとかなり違います！
やってみましょう。

6号の編み針

15mmの編み針

使い方

太い編み針は
細い編み針と
使い方は同じです。
毛糸が細いほど、
編み目が
緩くなるので
注意しましょう。

必要なもの
- 15mmの編み針
- 並太毛糸200g

Knitting 編み物

57

ポンポン

必要なもの
- ディスク状の厚紙2枚
- 毛糸

厚紙を12cmのディスク状に切ります。

2枚の厚紙を合わせて、厚紙のまわりにぐるぐると毛糸を巻きつけます。

真ん中を押さえます。はさみを2枚の厚紙の間にくぐらせて糸を切ります。

2枚の厚紙の間に糸を一本通します。切った糸のまわりに巻きつけます。

糸をきつく引いて、両端を結びます。

厚紙を外します。

大きな編み目のマフラー

ちょうどいい長さになるまで編んで、ポンポンをつけて仕上げます。

ポンポンと同じ糸をとじ針に通し、マフラーの端にギャザーを寄せて、ポンポンを縫いつけます。

右足

点線は、
作品を縫い合わせる
ところです。

太線は、型紙と布を
切るところです。

Dolly pattern ドリーの型紙

p.34の人形の型紙です。
実物大なので、型紙を写して、使う材料を切るだけです。

この「V」の字は、
人形の形を整えるために
布に切込みを
いれるところです。

必要なもの
- トレーシングペーパー
- ペン ●はさみ
- まち針 ●布

左足